수학을 즐길 수는 없을까?

민음 바칼로레아 028

수학을
즐길 수는 없을까?

브누아 리토 ㅣ 김인수 감수 ㅣ 곽은숙 옮김

민음in

차례

어서! 어서! 여기서 빠져 나가! 저런, 너무 늦었어.
무시무시한 수학 선생에게 잡혀 버렸군.

—J. H. 브래넌*의 『저승의 문』 중에서

질문 : 수학을 즐길 수는 없을까?

많은 사람들이 수학 선생을 마치 괴물처럼 무서운 존재로
기억하고 있다. 하지만 막상 수학 선생들의 고백을 들어 보면,
그들도 고통스럽기는 매한가지다. 학교를 졸업하고 몇 년이
지난 뒤, **탈레스*의 정리***는 아무리 해도 이해할 수 없었다고
고백하는 열등생들만큼이나 수학 선생들도 수학을 가르치는

● ● ●

브레넌(1940~) 아일랜드 출신의 소설가이자 논픽션 작가.
탈레스(BC 624~546) 최초의 철학자이자 수학자로 알려져 있다. 만물의 근원은
'물'이라고 주창했으며, 이집트에서 배운 지식을 바탕으로 수학과 천문학에서 많
은 업적을 남겼다. 특히 기하학의 명제를 그럴듯한 직관에 의존하지 않고 엄격한
논리적 증명을 요구하도록 규정함으로써 수학에 '증명'이란 방법을 부여하였다.

게 괴로운 것이다. 언제부터인가 수학은 배우는 사람에게나 가르치는 사람에게나 힘든 학문이 되어 버렸다.

일단 고등학교까지 다닌다고 할 때 학창 시절 내내 수학 공부에 바치는 막대한 시간을 생각해 보라. 우리는 무려 12년 동안이나 학교에 가는 날이면 거의 매일 수학을 배운다. 그런데 대부분은 학교를 졸업하고 수학 교과서를 놓아 버리는 순간부터 탈레스의 정리 같은 게 있었는지조차 잊어버린다. 분명 누군가에게 잘못이 있는 것이다.

사람들은 누구나 자신의 결점과 무지함을 드러내지 않으려는 경향이 있다. 아무리 외향적이고 쾌활한 성격의 소유자라도 마찬가지이다. 자신이 잘 모르는 작가나 예술가가 화제로 떠오르면, 대부분 다른 화제로 바뀔 때까지 잠자코 조용히 기다린다.

그러나 수학에 있어서만큼은 아주 딴판이다. 아무리 교양이 있는 사람도 수학자를 소개 받으면, 학창 시절 자신을 공포에 떨게 했던 수학 선생을 떠올린다. 그리고 자신이 수학을 잘 하

● ● ●

탈레스의 정리 여기서 '정리' 란 이미 진리라고 증명된 일반 명제를 말한다. 탈레스의 정리는 '두 직선이 만날 때 그 맞꼭지각은 같다.' '삼각형의 내각의 합은 두 직각이다.' '반원에 내접하는 삼각형의 한 각은 직각이다.' '이등변 삼각형의 두 밑각은 같다.' 등이 있다.

지 못하는 것을 부끄러워하지 않고 이렇게 이야기한다.

"학교 다닐 때나 지금이나 수학이라면 하나도 이해가 안 돼요……"

이런 회상은 종종 두 종류의 웃음을 자아낸다. 하나는 수학자의 웃음이다. 그는 예의 바르기 때문에 웃는 체하는 것이다. 하지만 이미 똑같은 이야기를 여러 번 들었기 때문에 피곤할 뿐이다.

또 하나의 웃음은 수학자의 웃음보다 더 가식적으로 보인다. 그것은 수학이 너무나 어렵다고 고개를 내저으며 고백하는 사람이 짓는 미소이다. 이 사람은 지금 아주 오래된 기억 속에 가라앉아 있던 수학과 관련된 고뇌가 떠올라 고통스럽다. 그런데도 애써 웃고 있는 것이다. 하지만 이런 가식적인 대화는 수학에 대한 좋지 않은 기억들을 '문외한의 맛'으로 바꾸어 주는 듯하다. 사실 그들에게 수학은 너무나 추상적이고 어렵기도 했지만, 교실 맨 앞줄에 앉아 두꺼운 안경 너머로 책만 파던, 공부는 잘했지만 결코 닮고 싶지 않았던 공붓벌레에게나 어울리는 과목인 것이다.

학교를 다니면서 누구나 한 번쯤은 수학이 어려워서 절망했던 적이 있을 것이다. 그런 나쁜 기억에 너무 연연해할 필요는 없다. 스스로 열등생이었다고 말하는 사람들의 성적표에도 언제나 신랄한 꾸지람만 있었던 것은 아니다. 즉, 학생들의 사소한 장점을 찾아서 칭찬할 줄 아는 훌륭한 선생들도 있었다는 뜻이다!

수학에 대한 안 좋았던 기억을 더듬다 보면, 처음 수학에 대해 느꼈던 희미한 공포와 몇 가지 늘상 저질렀던 실수들, 그리고 약간의 지적인 나태함들이 함께 떠오른다. 하지만 이런 기억들이 부끄럽기만 한 것은 아니다. 어느새 나쁜 기억은 하찮은 추억이 된다. 그리고 사소하지만 즐거웠던 기억들이 떠오르면서 수학에 대한 공포감이 사라질 수도 있다.

비록 점점 잊어버리기는 해도 학창 시절에 배워 평생 써먹는 외국어처럼 수학적 지식도 살아가는 데 상당한 밑천이 될 수 있다. 그런데 그런 수학적 지식을 평생 자기 것으로 만들려면 어떻게 해야 하는 걸까?

1

수학이 문제인가, 수학을 대하는 자세가 문제인가?

학문적인 문제인가, 심리적인 문제인가?

이 장에서 다루게 될 문제들은 두 영역과 관련되어 있다. 하나는 수학의 학문적 영역이고, 또 하나는 심리적 영역이다. 물론 앞으로 이야기할 문제들이 정확히 어떤 한 영역에 속한다고 못 박을 수는 없다. 오히려 그 두 영역에 복합적으로 걸쳐 있음을 볼 수 있을 것이다.

왜 대부분의 수학 선생은 무시무시할까?

1970년대 중반의 일이다. 프랑스의 어느 대학에서 수학 교수가 학생들에게 기하학 *에서 핵심 개념인 직선에 대해 설명하기 시작했다. 그는 교무처에서 짜 놓은 커리큘럼에 너무 충실한 나머지 이렇게 설명을 이어갔다.

"점들의 집합으로 이루어진 직선을 D라고 부르자. 이 직선은 D에서 R로의 일대일 함수 g와 다음과 같은 방식으로 유추되는 일대일 함수 f에 따르고 있다. 여기서 a를 임의의 실수라고 한다면, $f(M) = g(M)+a$ 이거나 $f(M)=-g(M)+a$이다. 여기서 일대일 함수 f를 유클리드® 구조®라고 부른다. 만약 M과 M′가 D의 두 점이라면, 양수 $d(M, M′)=|f(M′)-f(M)|$은 일

● ● ●

기하학 도형 및 공간의 성질을 연구하는 수학의 한 분야이다. 고대 이집트에서는 모든 백성들에게 똑같은 크기의 땅을 나눠주고 그에 따라 세금을 거두었는데, 해마다 일어나는 나일 강의 범람으로 땅을 잃게 되면 손실된 땅을 측량하여 세금을 경감해 주었다. 이와 같은 토지 측량에 의한 도형의 연구가 기하학의 기원이 되었다고 한다. 그래서인지 기하학(geometry)이라는 말도 그리스어로 땅을 뜻하는 geo와 측량을 뜻하는 metro로부터 유래하였다.

유클리드(BC 330?~BC 275) 알렉산드리아에서 프톨레마이오스 1세에게 수학을 가르친 것으로 알려진 그리스의 수학자. 그의 저서 『기하학 원본』은 플라톤의 수학론을 기초로 한 것이다. 그는 이전의 수학과 관련된 업적들을 집성하면서 자신의 이론을 창조적으로 더했다. 기하학의 경전으로 불리는 이 책은 엄밀한 이론 체계로 구성되어 수학의 기초를 닦은 고전이라 할 수 있다.

유클리드 구조 '동일한 것과 같은 것은 서로 같다.'는 등 기하학 이외에서도 사용되는 기본적인 아홉 개의 공리와 '임의의 두 점을 연결하는 직선을 그을 수 있다.'는 등으로 기하학에서만 사용되는 다섯 개의 공리로 이루어진 구조이다. 특히 유클리드의 평행선 공리와 피타고라스의 정리가 성립하는 공간을 유클리드 공간이라 한다.

대일 함수 f에 의해 좌우되는 것이 아니라 유클리드 구조 D에 의해 좌우된다. 즉 D:d(M, M′)는 두 점 M과 M′ 사이의 거리이다.(교육부 공문 71370호)"

이런 설명이 이해가 되는가? 이해가 되지 않더라도 그리 놀랄 필요는 없다. 이런 설명은 너무 **형식주의**˚적이고, 추상적이다. 그런데 불과 20년 전까지만 해도 교육 현장에서 이런 형식주의적인 설명을 듣는 것은 당연한 일이었다. 하지만 이 시기를 지나면서 사람들은 수학의 추상성이 간단한 문제도 지나치게 복잡하게 만든다는 사실을 깨달았다. 그래서 제기된 것이 유클리드 기하학의 평범한 개념들에 대한 **직관주의**˚이다. 이것은 '현대 수학'˚의 승리라고 볼 수 있다. '수학의 현대성'을 지

● ● ●

형식주의 수학은 형식적인 기호 체계와 관련 있다고 보는 관점이다. 이 관점에서 보면 수학의 용어는 기호에 지나지 않고 명제는 이 기호를 포함하는 식이다. 또 수학의 궁극적인 기초는 논리에 있지 않고 논리 이전의 표시나 기호의 모임이다. 따라서 수학은 구체적인 내용이 전혀 없고 단지 이상적인 기호로 된 원소들만으로 구성되었기 때문에 수학의 다양한 분야의 모순성을 입증하는 것이 형식주의자의 중요한 목표였다.

직관주의 수학적 진리나 수학적 대상이 수학을 생각하는 정신과 독립된 것이 아니라고 보는 관점이다. 형식주의가 수학을 논리 연역의 체계로 보았다면, 직관주의는 수학이 내용적 의미를 갖는 학문이며, 수학을 생각하는 정신 활동에 의해 좌우된다고 본다.

지하던 사람들(기성 관념으로 타격을 받았던)은 수학에 대한 기존의 선입관이나 편견들을 깨뜨리면서, 드디어 '실질적인 수학'을 가르치게 되었다.

그래도 정통 원리주의자들은 형식주의에 대한 미련을 아주 버리지는 못했다. 그들도 형식주의가 쉽게 이해되기 어렵다는 것을 인정한다. 하지만 형식주의야말로 학생들에게 수학에 대한 최소한의 흥미를 갖도록 만든 기회였다고 여전히 진지하게 믿고 있다. 어쨌든 이제는 수학 전문가들도 직선을 표현할 때 앞에서 보여 준 복잡한 공식을 사용하지는 않는다. 그들 역시 대부분의 다른 사람들처럼 직선을 다음과 같이 표현한다.

직선

● ● ●

현대 수학 20세기 수학 연구는 수학의 논리적 기초와 구조를 검증하는 데 집중되어 왔으며, 크게 세 가지 사조가 있다. 하나는 수학을 논리학의 한 분야로 보고 모든 수학적 개념은 논리적인 개념에 의해 정형화되어야 한다고 주장한 논리주의이고, 나머지 두 가지는 앞에서 말한 형식주의와 직관주의이다.

이것은 그림 자체로만 본다면 직선이라 할 수 없다. 그 이유는 직선에 대한 정의 때문이다. 유클리드에게 직선은 '끝없이 지속되며 연장할 수 있는 것'이고, '두 점 사이의 가장 짧은 거리'이다. 이 개념은 학생들이 공부하는 데에는 더없이 간단하고 효과적이지만, 기존의 수학적 사고와는 거리가 먼 직관이 개입한 것이다.

사실상 형식주의적인 수학의 도입으로 수학이 입은 피해는 대규모의 국제적인 재난 수준이었다. 특히 프랑스에서는 그 정도가 아주 심했다. 20세기의 가장 유명한 수학자 중 한 사람인 로랑 슈와르츠˚는 이 상황에 대해 다음과 같이 말했다.

"프랑스의 젊은 세대는 여론으로부터 외면당한 수학을 배워야 하는 희생양이 되었다."

누가 감히 슈와르츠의 말에 반박할 수 있겠는가? 신경 생물학자 스테니슬라스 드햔˚은 수학에 대해 이렇게 논평했다.

● ● ● ●

로랑 슈와르츠(1915~2002) 프랑스의 수학자. 에콜 공과 대학의 교수로 지내면서 통계학의 분포와 관련된 이론을 연구했다.
스테니슬라스 드햔 프랑스의 신경 생리학자. 프랑스 국립 보건 연구소 연구원으로서 인간의 두뇌 안에서 가공되는 언어와 수의 인식에 대한 신경 회로를 연구하고 있다. 『원숭이 뇌에서 인간의 두뇌까지』, 『수 감각』과 같은 책을 썼다

"평범한 지식인에게 정수론*이 가져다준 고충은 수학에 대한 병적 공포증을 낳았다. 부모들이여, 자녀와 함께 주사위 놀이를 해라. 그러면 그들이 정수에 대해 재미있게 배울 수 있는 출발점을 만들어 주게 될 것이다."

지금부터 20여 년 전만 해도 수학 교과서에는 아주 오래된 공식들이 가득했다. 그 당시 프랑스의 교육부에 재직했던 클로드 알레그르*는 이제 더 이상 수학을 가르치는 데 흥미를 잃었다고 단언했다. 그는 그 이유를 이렇게 밝혔다.

"이제 대수적 연산을 하거나 그래프를 그리는 데 컴퓨터가 사람보다 훨씬 더 뛰어납니다."

하지만 번역기가 있다고 해서 외국어를 배울 필요가 사라지는 것은 아니다! 어쨌든 그는 이런 종류의 화제가 당연히 대중적 반향을 일으킬 것을 예상하고 극단적으로 발언한 것이다.

• • • •

정수론 정수의 성질을 연구하는 수학의 한 부문. 18세기 말에 르장드르가 그때까지의 정수에 관한 연구 성과를 집대성하여 정수론이라는 이름을 붙였다. 20세기에 들어와서는 힐베르트와 아핀 등이 정수론을 연구하여 현대 수학의 한 부문으로 발전시켰다.
클로드 알레그르(1947~) 프랑스의 지구 화학자. 지질학과 관련된 연구를 하면서 정치가로도 활동 중이다.

사실 '수학에 대한 결정권을 가진 사람들', 기자들 그리고 '수학에 대한 의견을 낸 사람들'은 모두 어쩔 수 없이 '형식주의적 수학'을 참고 견디었던 세대였다. 따라서 형식주의적 수학의 부정적인 이미지를 극복하기 위해 노력한 것도 그들이다.

다시 본론으로 돌아가 보자. 우리는 수학에 대해 이야기하기 위해 출발하지 않았는가? 지금까지 우리는 학교 교육 과정을 계속 비판해 왔다. 학생들이 점점 더 멍청해지고 교사들의 질은 더욱 떨어지고 있으며, 창의적이지 못한 수업이 계속되고 있다. 우리가 아직도 이런 판에 박힌 수학에 사로잡혀 있다는 사실은 얼마나 끔찍한가! 게다가 학교를 떠난 뒤에도 그런 수학을 해야 한다면, 차라리 악몽을 꾸는 게 더 나을지도 모른다.

왜 수학이 두려운 것일까?

모든 공포 영화 마니아들은 두려움의 역학을 알고 있다. 두려움이 가장 고조될 때는 괴물이 막상 나타나는 순간이 아니다. 오히려 두려움은 괴물이 나타날 것이라는 예감 속에서 떨고 있을 때 극치에 달한다. 이런 현상은 수학에서도 나타난다. 다음과 같은 증명 문제와 마주칠 때가 그렇다.

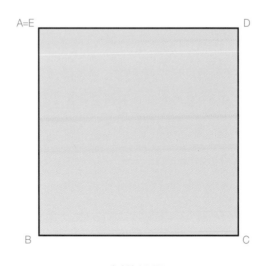

사각형 ABCD

　사각형의 한 점 A에서 출발하여 1미터 나아가면 점 B에 도
달한다고 치자. 이때 점 B에서 90도 왼쪽 방향으로 1미터 가면
점 C에 도달하고, 그곳에서 한 번 더 90도 왼쪽 방향으로 1미
터 가면 점 D에 도달한다. 또 점 D에서 왼쪽 방향으로 1미터
간 곳에 점 E를 찍어 보자. 점 A와 점 E는 한곳에서 만난다.

　사각형에 대한 이 설명은 간단하고, 사용된 기호들도 단순
하며, 문제는 명료해 보인다. 그런데 바로 이 점이 문제이다.
간단해 보이는 이 도형 속에 어려운 수학적 사실이 숨어 있으

리라는 의심이 들기 때문이다. 마치 영화 「에이리언」에서 괴물이 영화 종료 10분 전까지도 굴복하지 않았듯이, 이런 문제에도 처치하기 어려운 복병이 숨어 있는 듯하다. 그런데 그 정체를 알 수 없으니⋯⋯.

앞의 사각형 ABCD에 대한 설명은 아주 단순해 보여서 처음에는 별다른 수학적 두려움을 느끼지 않는다. 하지만 혹시나 하는 두려움을 갖게 되는 그 순간부터 우리는 이 도형에 다가가고 싶지 않게 된다. 주어진 문제가 어려운지 어떤지를 알기만 해도 괜찮겠는데, 도대체 무엇이 중요한지조차 알 수 없기 때문이다.

수학자는 이런 내용의 명제를 보면 어떻게 할까? 20세기의 가장 위대한 수학자 중 한 사람인 앙리 푸앵카레˙는 그야말로 탁월한 수학적인 능력을 지니고 있었다. 그래서 그는 자신의 저서에서 당연히 제시해야 하는 수학적 증명을 대부분 생략해

● ● ●
앙리 푸앵카레(1854~1912) 프랑스의 수학자이자 과학자. 500여 편의 논문을 쓴 다작의 학자였다. 20세기의 관심 분야인 위상 수학과 여러 응용 수학에서 다양한 연구 업적을 남겼다. 또 수학 외에도 광학, 전기학, 열역학, 양자 이론, 상대성 이론, 우주 진화론 등과 같은 여러 과학 분야의 연구에도 기여한 바가 크다. 대표적인 저서로는 『과학과 가설』, 『과학과 방법』 등이 있다.

버렸다. 그러자 책을 '성의껏' 쓰지 않았다는 비난이 따랐다. 이에 대해 푸앵카레는 자신이 그 명제가 사실인 것을 아는데 왜 그것을 증명해 보여야 하느냐고 딱 잘라 대답했다.

앞의 사각형과 관련된 명제에 대해서도 푸앵카레식 대답이 적절할지도 모른다. 점 A와 점 E가 같다는 걸 누구나 알 수 있는데, 왜 우리가 그것을 증명해야 하는가? 하지만 이것이 학교에서 내 준 숙제라면 그런 대답은 허락되지 않는다.

괴물이 나타났을 때, 그것을 해치우기 위해 무턱대고 달려들면 위험하다. 우선 먼저 대책을 세워야 한다. 이 사각형 문제를 풀 때에도 마찬가지이다.

이 사각형에서 직선 AB와 BC는 수직을 이루고, 직선 BC와 CD도 마찬가지이다. 동일한 직선에 수직을 이루는 두 직선은 서로 수평을 이루므로, 직선 AB와 CD는 평행하다. 같은 방법으로 직선 BC와 DE도 평행하다. 또 다른 방식으로 설명해 보면 점 A에서 점 B로의 이동 양상이 점 D에서 점 C로도 똑같이 나타나므로, 직선 AB와 직선 CD는 평행하다. 다시 말해 직선 AB와 직선 CD의 길이가 같고, 점 A와 점 D는 각각 점 B와 점 C에 대하여 '같은 쪽'에 있기 때문이다.(더 정확하게 말하면 벡터* $\overrightarrow{BA}$와 $\overrightarrow{CD}$는 같다.) 마찬가지로 직선 BC와 직선 AD의 이동 양상이 똑같기 때문에 두 직선도 평행하다. 이때 기존의 한 점을 지나면서 주어진 직선에 평행한 직선은 오직 하나이다. 따라서 점 D를 각각 지나면서 BC에 평행한 두 직선 DE와 DA는 서로 일치되므로 점 A와 점 E는 동일한 한 점이다.

난감해 보이던 문제가 결국 이렇게 간단하게 증명되었다. 그런데 왜 많은 사람들은 문제를 아주 이해하기 어렵고 복잡하게 설명하는 사람으로 수학자를 떠올릴까?

여기서 잠시 천성적으로 대담한 독자가 앞의 증명을 통해 수학에 대한 심리적이거나 기술적인 두려움을 극복했다고 가정해 보자.(만약 이렇게까지 하지 않아도 된다면, 수학에 대한 두려움은 그리 심각한 상태는 아니다.) 수학이라는 괴물은 완벽한 증명의 냉혹한 공격 앞에 격파된 것이다.

그러나 수학이라는 괴물은 곧 다시 히드라처럼 두 개의 새로운 머리를 불쑥 내밀며 우리를 공포 속으로 몰아간다. 첫 번째 머리는 검산의 효력에 대한 의심이다. 예컨대 앞에서 제시한 증명 과정에서 다소 의심이 가는 사실이 하나 있다. 즉 동일한 직선에 수직을 이루는 두 직선들이 서로 평행하다는 것을 어떻게 믿을 수 있는가 하는 것이다.

● ● ● ●

벡터 힘이나 속도 등과 같이 크기와 방향을 동시에 갖는 양을 말한다.

수학이라는 괴물은 히드라처럼 계속 새로운 머리를 내밀며
우리를 두려움에 떨게 한다.

이 질문에 대한 정확한 대답을 알려면, 기하학 전문가의 논리적인 증명으로 이루어진 설명을 들어야 한다. 하지만 지금 여기에서 전문가 수준의 논리적인 방법에 대해 일일이 다 논한다면 안 그래도 복잡한 증명이 더욱 복잡해질 것이다. 어쩌면 처음에 우리가 증명하고자 했던 것이 무엇인지조차 헷갈릴 것이다. 따라서 우리가 수학을 배우는 과정에서 이미 이 지식을 알고 있다는 것을 전제로 해야 한다. 수학이 너무 어려워지는 것은 바로 이 순간부터이다. 즉, 명백히 드러나는 문제 중 어떤 것은 수학자에 의해 진실인 것으로 받아들일 수 있는 것이 있고, 또 어떤 것은 증명을 해야 하는 것이 있는데, 이 두 가지를 구분하기가 정말 어렵기 때문이다.

두 번째 수학적 공포는 훨씬 더 난해한 것이다. 수학자들이 제시한 논리들을 이해한다 해도, 그것이 사용된 기하학적 상황은 쉽게 이해할 수 없다는 것이다. 게다가 설령 이해가 된다고 해도 거기에 따르는 문제점이 발생한다. 즉, 수학의 문외한은 자신이 생각하는 것이 옳을 경우에도 그 생각을 확실하게 드러내지 못한다는 것이다. 그래서 우리가 알아 왔던 기존의 사실들에 대해 어떤 의문을 느껴도 묵묵히 침묵만을 지킨다.

왜 우리는 본능적으로 깨닫는 것이든 또 실제하는 것이든, 그 대상을 증명해야만 하는 것일까? 그리고 결국 기존의 상황과 비교해서 진정 새로운 것이 없을 때에만 최후의 증명을 사실로서 받아들여야 하는가? 이에 대한 아주 확실한 대답은 마지막 장에 나와 있다.

놀이식 수학이 두려움을 없애 줄까?

수학에 대한 두려움을 없애 주기 위해 고안된 현대 수학 교육의 새로운 방법들 중 가장 인기 있는 것은 무엇일까? 그것은 놀이나 시합 같은 유희를 통해 수학을 배우는 방법이다. 한 예로, 매년 수만 명의 학생들이 '수학 올림피아드'에 참여한다.

이런 행사를 막을 필요는 없다. 이런 일들을 계기로 수학에 대한 두려움의 굴레에서 조금이나마 벗어날 수 있기 때문이다. 그러나 여기에는 두 가지 단점이 있다. 하나는 수학의 유희적인 면이 모든 학생을 사로잡지 못한다는 것이다. 놀이는 강요할 수 있는 것이 아니다. 뿐만 아니라 학생들은 열네 살쯤 되면 대개 놀이에 흥미를 잃게 된다. 또 다른 하나는, 유희로서의 수학이 몇몇 '다 큰 아이들'에게나 관계 있을 뿐, 어른들과는 무관한 학문이라는 생각을 들게 할 수 있다는 것이다. 따라서 소수의 몇몇 사람들만 혜택을 입고 있는 이런 구제책은 수학에 대한 두려움을 근본적으로 없애지는 못한다. 오히려 대다수의 학생들에게 수학에 대한 거부감을 키워 줄 우려마저 있다.

놀이식 수학 교육이 무엇인지 좀 더 쉽게 이해할 수 있도록 1993년에 열린 수학적·논리적 놀이의 국제 챔피언전 준결승 문제를 예로 들어 보겠다.

포스트 씨는 자신이 가르치는 많은 학생들을 위해 도안 하나를 복사하고 싶었다. 그러나 안타깝게도 아름답지만 엄격한 교장 루시 니스트르는 그에게 "당신은 복사를 10장밖에 할 수 없소!"라고 말했다. 하지만 포스트 씨는 포기하지 않았다.

"제기랄! 악독한 루시가 하는 대로 보고만 있을 수 없어! 어떻게 해서든 필요한 만큼 복사하고야 말겠어!"

그는 A3 용지 위에 자신이 만든 도안을 18개 넣을 수 있다는 것을 알았다. 그렇다면 포스트 씨가 복사기의 버튼을 딱 10번만 눌러서 최대로 얻을 수 있는 도안의 견본은 몇 개일까?

위의 문제에 대해 크게 두 가지 반응이 있을 수 있다. 하나는 재미없는 문제라서 풀지 않겠다는 것이고, 다른 하나는 얼마나 빨리 풀 수 있을지 궁금해하며 흥미롭게 문제에 접근하는 것이다. 만약 후자에 속한 사람이라면, 루이스 캐롤[*] 같은 부류의 수학자들이 추구하는 놀이식 수학의 세계를 즐겁게 받아들일 것이다. 이런 사람들은 놀이 수학 속에서 주어진 문제를 다양한 방법으로 풀어 보면서 고민하는 시간을 즐기게 된다. 그러나 전자에 속한 사람이라도 걱정할 필요는 없다. 왜냐하면 이런 유형의 문제를 풀지 못했을 때 느끼는 모욕을 경험하지 않고도 수학을 좋아하게 되거나 수학자가 될 수 있기 때문이다.

유희적인 방법으로 수학을 가르치는 것이 매우 효과적인 것은 사실이다. 그러나 수학은 단순한 놀이 이상이다. 무엇인가를 정확하게 이해하는 가장 좋은 방법은 이해하려는 대상 속으로 깊이 파고들어 난국을 정면으로 돌파하는 것이다. 자, 그렇다면 수학을 파고들어가 볼까? 미친 소리처럼 들리는가? 그런데 우리는 이미 정면 돌파의 단계로 발을 들여놓았다.

● ● ●

루이스 캐롤(1832~1898) 영국의 동화 작가이자 수학자. 럭비 학교에서 옥스퍼드 대학에 진학하여 수학을 전공하였으며, 훗날 모교의 수학 교수를 지냈다. 그는 친구의 딸인 앨리스 리델에게 이야기해 주었던 것을 동화 『이상한 나라의 앨리스』와 그 속편인 『거울 나라의 앨리스』 등의 유머와 환상에 가득 찬 일련의 작품으로 펴냄으로써 근대 아동 문학 확립자의 한 사람이 되었다.

2

수학의 난국을 **정면**으로
돌파해야 하는가?

수학을 이해하려면 어떻게 해야 할까?

이 장에서는 어떤 질문도 제기하지 않을 것이고 까다로운 논평도 늘어놓지 않을 것이다. 물론 시험을 다시 치라고 강요하지도 않을 테니 안심하라. 다만 수학자인 필자의 직업적인 습관 때문에 어려운 이야기를 좀 하게 될지도 모른다. 하지만 앞으로 나올 모든 수학적인 내용을 완벽하게 이해하지 않아도 된다는 사실을 기억하고 안심하길 바란다.

성급한 독자들은 꼭 수학 문제를 풀면서 난국을 정면으로 돌파해야 하느냐고 물을지도 모른다. 하지만 일단 수학에 관련된 것을 '이야기하려면' 수학적인 것을 '행해야만' 하지 않을까?

이 장에서는 중학교 수학 교과서에서 뽑아 온 한 가지 예를 통해 우리가 얼핏 보기에 단지 하나의 공식에 불과한 듯한 기초 지식을 꼼꼼히 살펴볼 것이다. 그리고 이런 기초 지식들이 손을 댈 수 없을 정도로 복잡하게 전개되었을 경우에 대해서도 이야기해 보려고 한다.

수학 공식에는 어떤 원리가 있을까?

학생들이 가장 추상적인 문제로 든 것은 이미 잘 알려진 대로 바로 항등식이다. 여기서 그 대표적인 것 하나를 살펴보자. 즉, $(x + y)^2 = x^2 + 2xy + y^2$이다.

우리가 수학에 질리게 되는 것은 이런 공식 때문이다. 이런 알쏭달쏭한 공식은 학생들을 귀찮게 하기 위해 고의로 만들어 낸 것처럼 보인다. 금요일 저녁 도심 한복판에서 교통 체증에 갇힌 초보 운전자가 이러지도 저러지도 못하고 당황하는 것처럼 초심자는 방정식의 x와 y 뒤에 붙은 지수를 보고 당황해한다. 실로 해결하기 어려운 난관에 부딪힌 것이다.

이런 상황에서는 난관을 정면 돌파하는 것만이 우리가 생각할 수 있는 유일한 방법이다. 그렇게 할 때 문제 해결에 대한 몇 가지 윤곽이 보이게 된다.

우선 앞에서 제시한 수학 공식은 매우 엄격하다. 따라서 방정식 우변의 항들을 순서대로 배열하지 않거나 어떤 작은 변화라도 주면 완전히 다른 문제가 되어 버린다. 예를 들어, 인수 2를 xy 앞이 아닌 다른 곳에 놓거나, 제곱을 빼먹거나 또는 $2xy$를 생략하는 것은 절대 금물이다. 그렇지만 이 식을 처음 배우는 학생들은 $(x+y)^2=x^2+y^2$과 같은 식이 훨씬 더 자연스럽고 사용하기 편하므로 답이라고 믿고 싶을 것이다. 돌이켜보면 우리도 그와 같은 오류를 얼마나 많이 범했던가?

그런데 왜 악마 같은 $2xy$가 공식에 눌어붙어 있어야 하는 것일까? 이에 대한 가장 명쾌한 대답은 유클리드(기원전 300년경)가 정리한 두 번째 저서인 『기하학 원본』에 들어 있다.

『기하학 원본』에서 이 공식은 다음 페이지에 나오는 그림으로 나타나 있어 거의 설명이 필요 없다. 즉, 이 공식은 네 개의 사각형들로 이루어진 큰 정사각형의 넓이는 네 개의 작은 사각형들의 합과 같다는 것을 통해 증명된다.

수학에 익숙하지 않거나 별로 관심 없는 이들은 네 개의 사각형으로 이루어진 정사각형 그림에 조금은 당황할 것이다. 몇십 년 전에 피카소의 그림을 보고 사람들이 그랬던 것처럼 말이다. 이처럼 가끔 어려운 문제에 부딪혔을 때 느끼는 당황스러움은 현실적인 측면보다 심리적인 측면이 더 강하다.

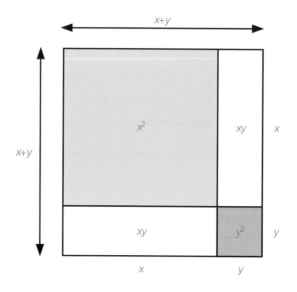

네 개의 작은 사각형으로 이루어진 정사각형

위의 그림을 이해하기 위해서는 네 개의 작은 사각형의 넓이를 각각 구해 봐야 한다. 기초 지식부터 꼼꼼히 살펴보자는 것이다.

우선 큰 정사각형의 가로와 세로의 길이를 각각 나타내는 화살표가 $x+y$이므로 이 사각형의 넓이는 $(x+y)^2$이다.

그 다음, 이 정사각형의 가로와 세로를 주의 깊게 살펴보면, x와 y로 나뉘어져 있음을 알 수 있다. 즉, 수평선과 수직선이 정사각형을 네 부분으로 나누고 있다.

이렇게 얻어진 네 개의 작은 사각형들을 하나씩 살펴보자. 왼쪽 위에 있는 가로와 세로의 길이가 모두 x인 정사각형의 넓이는 x^2이고, 오른쪽 아래에 있는 가로와 세로의 길이가 모두 y인 정사각형의 넓이는 y^2이다. 또 가로와 세로의 길이가 x, y로 이뤄진 다른 두 직사각형의 넓이는 각각 xy이다.

그런데 큰 정사각형의 넓이는 큰 정사각형을 구성하고 있는 작은 사각형 네 개의 넓이의 합과 같다. 따라서 $(x+y)^2=x^2+xy+xy+y^2$으로 $(x+y)^2=x^2+2xy+y^2$이 성립한다.

수학은 어디에 도움이 될까?

많은 사람들이 수학이 과연 어디에 도움이 되는지 알고 싶어 한다. 특히 수학을 싫어하면서도 어쩔 수 없이 수학 공부를 해야 했던 사람들은 더욱 그렇다. 어떤 사람들은 수학을 알면 '재미있는 게임'을 즐길 수 있어서 좋다고 한다. 하지만 이것은 수학의 유익함을 보여 주는 한 예에 불과할 뿐이다.

우선 일상생활에서 친구를 놀라게 하는 데 수학이 쓰일 수도 있다.

수학에는 단 몇 초 안에 50에서 59 사이의 숫자를 제곱한 값을 암산할 수 있는 아주 신기한 기술이 숨어 있다. 예를 들어 54를 제곱한 값을 구해 보자.

먼저 25에 54의 끝수 4를 더하면 25+4=29가 나온다. 그 다음에 끝수 4를 제곱하면 4^2=16이 나온다. 이제 29에 16을 붙여 쓰면, 54의 제곱인 2916이 된다. 남은 일은 친구에게 정답을 알려 주고 친구의 두 눈이 휘둥그레지는 것을 바라보는 것뿐이다.

이것은 기초적인 계산이 들어 있는 항등식을 통해 간단히 그 원리를 알 수 있다. 그러면 위에서 예로 든 54^2을 풀이해 보도록 하자.

$$54^2=(50+4)^2=50^2+2\times50\times4+4^2$$
$$=(5\times10)^2+100\times4+4^2$$
$$=25\times100+100\times4+4^2$$
$$=(25+4)\times100+4^2$$

친구들이 이 방법을 제대로 이해하지 못하는가? 이런 계산이 무슨 쓸모가 있느냐고 되묻는가? 그건 아마도 그들이 수학을 무조건 어렵게 생각하고 지레 겁부터 먹기 때문이다. 그렇지만 이런 항등식의 원리를 사용한 계산법은 아주 유용한 것이다. 계산기가 없던 시대에 암산 능력이 뛰어난 사람은 이를 이용하여 계산하는 시간을 크게 줄일 수 있었다.

물론 대부분의 수학적 원리가 실생활에서 곧 바로 응용될 수는 없다. 수학이 어떤 분야에 응용되려면 일단 정리나 공식의 형태를 갖출 필요가 있다.

하지만 아무리 뛰어난 공식이이더라도 공식 자체만으로 '재미있는' 응용을 직접 만들어 낼 수는 없는 노릇이다. 이것은 나사돌리개만 가지고 의자나 책상을 만들 수 없는 이치와 같다. 나사돌리개 자체는 나사를 죄거나 풀 수 있을 뿐이다. 그렇지만 다른 연장들과 함께 집을 짓거나 가구를 만드는 데 활용이 되면 아주 큰 일을 해 내게 되는 것이다. 수학 공식도 마찬가지이다. 그런데 안타깝게도 '탈레스의 정리'와 같은 몇몇 정리를 제외하고는 수학 공식이 실생활에서 직접적으로 응용*되는 경우를 찾아보기 쉽지 않을 수 있다.

● ● ●

탈레스의 정리의 응용 운동장에 드리운 학교 건물의 그림자 길이를 이용해 건물의 높이를 알아내려고 할 때 이 정리를 이용하기도 한다.

방정식이 왜 중요할까?

미지수 x나 y가 들어 있는 아주 복잡한 공식을 증명해야 할 경우에 주로 사용하는 항등식 $(x+y)^2=x^2+2xy+y^2$은 증명의 초석이 되는 원리들 중 하나이다. 이 항등식을 응용함으로써 그때까지 알려지지 않았던 새로운 사실을 찾아낼 수도 있다.

앞에서 54^2의 값을 아주 간단하게 계산하는 과정에서 4라는 숫자가 결정적인 수는 아녔다. 4 대신에 2나 7을 넣어도 그 계산법은 성립하기 때문이다. 따라서 4의 자리에 미지수 y를 넣을 수 있다. 그러면 바로 다음과 같은 공식이 성립할 수 있다.

$$(50+y)^2=(25+y)\times100+y^2$$

50과는 다른 수로 이해되는 미지수 y를 생각해 보자. 이때 y는 50과 25라는 숫자와 더해지기도 하고 그 자체 제곱이 되기도 한다. 마치 이미 알려진 수인 것처럼 항등식에서 확실하게 자리를 차지하고 있는 것이다. 바로 이 y처럼 보이지는 않지만 존재한다고 알려진 대상을 수학적 정리로 표현할 수 있다는 사실의 발견은 과학의 진보에도 많은 영향을 끼쳤다.

누구보다도 먼저 이런 지적인 돌파구를 찾아낸 사람은 중세의 아라비아 수학자들이다. 그들은 어려운 문제를 해결하는 것에만 만족하지 않았다. 그들은 한 발 더 나아가 여러 분야의 다양한 문제를 다룰 수 있는 아주 강력하고 일반적인 표상이 없을까 고민했다. 그러다가 수학의 새로운 장을 열어 준 **방정식**을 만들게 된 것이다.

세상에 쓸모없는 학문이란 거의 없듯이, 수학의 형식주의도 생물학적 연구나 경제학적 문제들을 해결하는 데 도움을 준다. 어떻게 보면 방정식을 다루는 것은 미지수를 나타내는 문자와 숫자로 이루어진 놀이를 하는 것이다. 이 놀이에서 다룰 수 있는 대상은 그 기능만큼이나 보편적이다.

오늘날 우리는 방대한 종류의 방정식을 푸는 방법을 알고 있다. 이것은 결국 모든 문제들이 방정식으로 귀결된다는 의미이기도 하다. 한편 수많은 방정식들 중에는 현대 물리학에서 생겨난 슈뢰딩거˙나 디랙˙의 방정식들처럼 아직까지 제대로 해결되지 못한 것들도 있다.

● ● ●

슈뢰딩거(1887~1961) 오스트리아 출신의 물리학자. 물질의 파동 이론과 양자 역학의 기초들을 세우는 데 기여했다. 영국의 물리학자 디랙과 공동으로 1933년 노벨 물리학상을 받았다.

물론 보통 사람들은 학창 시절 수학 수업을 받거나 직업상 수학을 이용해야 할 때를 제외하고는 거의 방정식을 풀 일이 없다. 하지만 그렇다고 해서 방정식의 의미를 과소평가해서는 안 된다. 방정식은 전자나 블랙홀과 같은 추상적인 개념을 찾아내는 데는 물론이고 생명의 근원을 밝히는 유전학에서도 중요한 도구로 쓰이기 때문이다.

왜 수학은 어려울까?

　여러 가지 수학 문제를 해결해야 하는 수학자들에게는 앞에서 우리가 살펴본 방정식 $(x+y)^2=x^2+2xy+y^2$만으로는 충분하지 않다. 그래서 이 방정식이 다양하게 응용된 새로운 수학 방정식들이 생겨났다. 그리고 그것들은 내기라도 하듯이 점점 더 복잡한 양상을 띠게 되었다. 예를 들어 $(x+y)^2$ 대신에 $(x+y)^3$을

●●●

디랙(1902 ~1984) 영국의 이론 물리학자. 주요 업적은 양자 역학과 전자 스핀에 대한 연구이다. 1933년 오스트리아의 물리학자 슈뢰딩거와 공동으로 노벨 물리학상을 받았다.

방정식은 수학에서만이 아니라
자연 과학, 사회 과학 등 여러 다른 학문에서도 중요한 도구로 쓰이고 있다.

놓아 보면, $(x+y)^3 = x^3+3x^2y+3xy^2+y^3$라는 등식이 성립한다.

이처럼 제곱 자리에 세제곱이 들어가면서 이 방정식은 완전히 새로운 모습으로 태어난다. 이런 개념은 11세기에 알시이지*가 제안한 것이다.

세제곱이 나타나면 방정식은 무척 어렵게 느껴진다. 하지만 용기를 갖고 조금만 노력하면 쉽게 이해할 수 있다. 그러면 위의 삼차 방정식을 분석해 보자.

오른쪽 그림에서처럼 길이가 $x+y$인 큰 정육면체를 가로, 세로, 높이 세 단면에서 각각 x와 y 크기로 일정하게 나눠 보자. 그러면 여덟 개의 육면체가 만들어진다.

먼저 가로, 세로, 높이가 모두 x인 작은 정육면체(①의 부피는 x^3이다.)와 세 길이가 모두 y인 또 다른 작은 정육면체(⑧의 부피는 y^3이다.)를 관찰할 수 있다. 그리고 가로, 세로, 높이가 x, x, y의 조합으로 이뤄진 세 개의 직육면체(②, ③, ⑤의 부피 합은 $3x^2y$이다.)와 가로, 세로, 높이가 x, y, y의 조합으로 이뤄진 또 다른 세 개의 직육면체(④, ⑥, ⑦의 부피 합은 $3xy^2$이다.)가

• • •

알시이지(945~1020) 이슬람의 천문학자이자 수학자. 구의 기하학에 관한 책을 썼다.

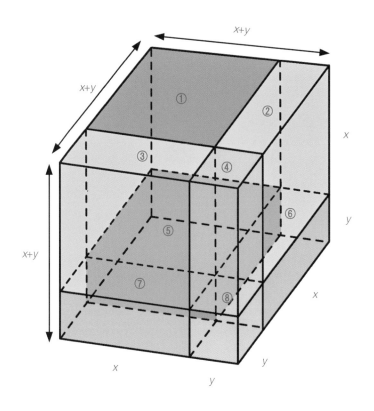

여덟 개의 육면체로 이루어진 정육면체

있다.

그런데 큰 정육면체의 부피는 작은 육면체 여덟 개의 부피를 합한 것과 같다. 따라서 $(x+y)^3=x^3+3x^2y+3xy^2+y^3$이라는 방정식이 성립하는 것이다.

이제 이런 문제는 그만 풀도록 하자. 왜냐하면 $x+y$를 네제곱할 때 나오는 식은 앞에서 푼 방식과는 전혀 다른 형태로 증명해야 하기 때문이다. 사차원 공간을 상상하는 것은 만만찮은 일이다. 물론 상상력이 풍부한 고약한 수학자들이야 이런 사차 방정식도 당연히 풀 것이다. 하지만 그들에게도 눈에 딱 들어오는 기하학으로 이 방정식을 증명하기란 쉽지는 않은 일이다.(알시이지도 네제곱의 개념은 소개했으나 직접 사용하지는 않았다.)

여기서 다양한 방정식의 구조를 모두 살펴볼 수는 없다. 다만 흔히 사용하는 n거듭제곱(여기서 n은 자연수이다.)이 들어간 방정식을 한번 살펴보자. 바로 여기에서 전율에 가까운 두려움을 느끼게 하는 '이항 정리'가 사용된다.

이항 정리에서는 자연수 n이 정해지면 1에서 n까지의 모든 자연수들의 곱을 $n!$로 나타낸다.(다시 말하면, $n!=1\times2\times\cdots\cdots\times n$이고 $0!=1$로 약속한다.) 이것을 식으로 나타내면 다음과 같다.

$$(x+y)^n = \sum_{k=0}^{n} \frac{n!}{k!(n-k)!} x^{n-k}y^k$$

위 식에서 등식을 기준으로 오른쪽에 있는 거대한 부호는 '합'을 나타낸다. 이것은 그리스 문자 시그마이며, 함축적 의미를 갖고 있다. 만약 이 부호가 없었다면, 어떻게 되었을까? 엄청나게 많은 숫자와 문자들을 일일이 늘어놓는 상황을 상상해 보라!

시그마 주변에 있는 수학적 표현들 중에서 '$k=0$' 또는 'n'은 등식의 오른쪽에서 있는 항들의 한계를 분명하게 정해 준다. 시그마 오른쪽에 있는 기호 중에서 k의 첫째 항은 0부터 시작한다. 두 번째 항은 k에 1을 대입하고, 그리고 세번째 항은 k에 2를 대입한다. 이런 식으로 하면 k에 n을 대입할 때까지 계산할 수 있다. 게다가 $n+1$항도 첨가할 수 있으므로, 등식의 오른쪽에 대입할 수 있는 수는 무한하다.

혹시라도 위의 설명을 이해하지 못했더라도 걱정할 필요는 없다. 사실 이 정도는 수학에 대한 일반적인 두려움에 비하면 별것 아니다. 항상 모든 것을 명백하게 설명해야 한다고 생각하는 수학자가 이 책을 썼으므로 어쩔 수 없이 다소 어려워진 것이다.

그런데 '이항 정리'가 어렵기만 한가?

수학을 공부하는 학생들에게 무엇보다도 가장 필요한 것은 어려운 문제에 부딪혔을 때 포기하지 않고 끝까지 배우려는 자세이다. 아무리 어려운 문제도 자꾸 반복해서 풀다 보면 어느새 익숙해져서 어렵지 않게 공식을 적용할 수 있다. 그리고 더

나아가서는 훨씬 더 복잡한 다른 공식도 편안한 마음으로 다룰
수 있다.

3

수학을 **잘**하는 데
정말로 중요한 것은 무엇인가?

수학을 싫어하는 가장 큰 이유는 무엇인가?

수학 개론서의 곳곳에서 나오는 미지수 x와 y가 여전히 두려운가? 이 책에서 여러분에게 모든 수학 공식과 정리들을 단번에 쏙쏙 이해할 수 있는 방법을 알려 줄 수 있다면 얼마나 좋을까? 하지만 그런 방법은 불행하게도 없다. 그리고 그것이 그렇게 중요한 것도 아니다. 수학이 진정 사람들에게 도움이 되는 것은 수학적 개념이나 결과물 때문이 아니다. 바로 생각할 수 있는 방법을 깨우쳐 주기 때문이다.

여러 페이지에 걸친 계산과 기나긴 추론을 좋아하는 사람은 아무도 없다. 어떤 스포츠 선수가 가혹한 훈련을 좋아하겠는가? 어떤 음악가가 한 곡이 아닌 한 소절만을 되풀이해서 연주하는 것을 즐기겠는가? 수학자들도 마찬가지다. 그들 역시 $(x+4)^3-$

$12x(x+1)+7x+1$과 같은 전개식을 열심히 연구하거나 공식을 증명하기 위해 복잡한 추론을 하기보다는 이미 있는 토대를 응용한 문제를 풀고 싶어 한다.

또 수학자들은 이미 증명된 것이라도 더 간단하고 명확한 검산을 하기 위해 새로운 증명에 도전하는 것을 마다하지 않는다. 이 모두가 여러 페이지에 걸친 계산과 기나긴 추론을 피하기 위한 노력이다.

1947년 수학자 이반 니벤[*]은 π가 **무리수**[*]라는 사실을 새롭게 증명해 보였다. 사실 π에 대한 증명은 1761년에 람베르트[*]에 의해 처음으로 시도되었고, 그 당시 유명한 수학자들이 자주 다루는 문제였다. 니벤이 증명한 것은 이미 2세기 전에 밝혀진 사실이었고, 무리수에 대한 지식도 많이 쏟아져 나온 상태였다. 하지만 니벤이 내놓은 증명은 간결한데다가,(이 문제

● ● ●

이반 니벤(1915~1999) 캐나다와 미국에서 활동한 수학자. 특히 정수론을 집중적으로 연구했다.

무리수 정수나 분수의 형식으로 나타낼 수 없는 수.

람베르트(1728~1777) 독일의 철학자 · 천문학자 · 물리학자 · 수학자. 혜성의 궤도 결정에 대한 '람베르트 정리'를 발견하였고, 광도계와 온도계를 발명하였으며 많은 지도 투영법을 창안하기도 하였다.

를 한 페이지 내에 증명한다는 것은 대단한 일이다.) 증명에 이용된 수학적 방법도 고등학교 3학년 수준이면 누구나 알 수 있을 만큼 쉬웠기 때문에 주목을 받았던 것이다.

수학적인 진리는 모두 증명되었는가?

수학자들은 증명에 지나치게 집착하는 사람들이라는 사실을 명심해야 한다. 그런 사람들에게 어떤 사실을 납득시키려면 단순히 그것을 설명하지 말고 완벽하게 증명해 보여야만 한다. 이런 과정은 짜증나고 귀찮다. 게다가 모든 것을 증명해 보여야만 한다는 것은 좀 어리석은 일이기도 하다. 하지만 명백한 증명은 그 과정을 통해 새로운 하나의 결과를 낳기 때문에 중요하다.

오늘날에는 물리학, 화학, 생물학, 천문학 등 매우 다양한 학문들이 있다. 모든 학문들은 혁신과 반전을 거듭하며 발전해 왔다. 코페르니쿠스˙는 지난 2000년 동안의 천문학을 바꾸었고, 갈릴레이˙는 아리스토텔레스의 물리학에 기본을 두고 있던 사실들의 오류를 밝혔다. 또 화학에서는 돌턴˙이, 의학에서는 베르나르˙와 같은 사람들이 이전의 모든 이론들을 폐기시

컸다. 어쩌면 이 모든 학문들이 현대적인 모습을 갖추게 된 것도 불과 3~4세기 전의 일이라고 할 수 있다.

하지만 이런 학문들에 비해 수학에는 특별한 혼란이 없었다. 물론 다양하고 흥미진진한 수학자들의 혁신이 가끔 놀랄 만한 관점의 변화를 일으키기는 했다. 하지만 고대 그리스에서 탄생한 이래 계속 이어져 온 수학의 맥을 끊지는 못했다. 여러 격론이 있었지만, 그래도 수학이 큰 반전 없이 오랫동안 그 맥락을 이어 온 것은 학문으로서는 영광이다. 이것은 수학자들이 자신의 이론은 결코 허무하게 쓰러지지 않을 거라는 확신을 갖

● ● ●

코페르니쿠스(1473~1543) 폴란드의 천문학자. 지구가 자전축을 중심으로 자전하면서 태양 주위를 공전한다고 주장해 근대 과학 발전의 계기를 만들었다. 그의 주장 후 지구는 더 이상 우주의 중심이 아닌 수많은 천체 중 하나로 여겨지게 되었다.
갈릴레이(1564~1642) 이탈리아의 천문학자 · 수학자 · 물리학자. 진자의 등시성, 관성의 법칙, 지동설의 확립 등 과학사에서 중요한 여러 가지 업적을 남겼다.
돌턴(1766~1844) 영국의 화학자이자 물리학자. 독학으로 외국어, 수학, 자연 과학, 고전 등을 공부했으며, 27세때부터 맨체스터 대학에서 수학, 물리학, 화학을 강의했다. 그는 색맹이라는 신체 장애에도 불구하고 21세때부터 죽을 때까지 거의 매일 기상 관측을 기록했다. 또 기체의 연구에 몰두하여 돌턴의 부분 압력의 법칙을 발표했으며, 뉴턴의 영향 아래 원자론을 화학에 도입해 물질을 이루는 원자의 무게를 정하는 방법을 고안했다.
베르나르(1813~1878) 프랑스 생리학자. 실험적 연구 방법을 의학에 도입해 오늘날 실험 의학의 기초를 닦았다.

고 거의 강박관념적인 걱정을 하며 모든 단계에 임했기 때문이다. 그러므로 예전부터 이어져 내려온 학문에 최근에 유행하는 묘안이나 최근에 유행하는 이론을 적용하는 것은 무의미하다. 즉, 요즈음 배우는 수학 지식은 철근 콘크리트 속에 있는 것처럼 견고하다.

1장에서 이야기했던 사각형 문제를 다시 떠올려 보자 한 점 A에서 시작하여 1미터 나아간 지점에서 왼쪽으로 돌고, 또 거기서 1미터 더 나아가 왼쪽으로 돈 다음 똑같은 방식으로 두 번을 더 돌아오면, 결국 출발점과 만나게 된다. 그리고 그 결과 이 도형이 정사각형임을 증명하였다. 이 증명은 주어진 하나의 직선과 하나의 점이 있을 때, 그 점 위를 지나는 직선 중에 주어진 직선과 평행하는 선은 오직 하나라는 사실을 바탕으로 했다. 이것이 수학 역사상 가장 유명한 가설인 '제5공리' 이다.

'제5공리' 라는 이름은 유클리드가 기하학을 정립하면서 제안한 다섯 번째 목록에 들어 있어 거기서 유래한 것이다. 그런데 중요한 것은 제5공리 자체가 아직 증명되지 않았다는 사실이다. 사람들은 이 공리가 필요했을 뿐만 아니라 그것을 증명할 수 없었기 때문에 단순히 사실 그 자체로 받아들여 왔다. 제5공리가 2000년 넘는 오랜 시간 속에서도 증명되지 못한 명제였다는 사실에 놀라지 않을 수 없을 것이다.

심지어는 제5공리가 제대로 적용되지 않는 공간도 있다. 예를 들어 여러분이 지구 표면 위에 있다고 가정해 보자.

북극을 점 A라고 하고 남쪽으로 거리 d만큼 이동하여 적도 위에 점 B를 찍자. 이곳에서 90도 각도로 동쪽으로 돌아 동일한 거리 d만큼 가면 점 C에 도달한다. 점 C에서 또 다시 왼쪽으로 돌아 거리 d만큼 가면 놀랍게도 점 A와 점 D가 만나 A=D가 된다. 원래 출발지였던 북극점으로 되돌아온 것이다. 그런데 1장에서처럼 마지막 점을 E로 하기로 하고 다시 출발하면 점 B에 도달한다. 결국 E=B가 된 것이다. 평면 위에서였

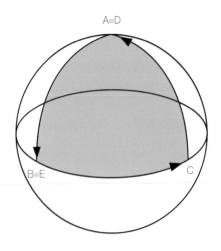

제5공리가 성립되지 않는 구

라면 E=A가 되었을 것이다!

점과 직선과 각으로 이루어진 고전 기하학의 개념들이 평면이 아닌 다른 공간 위에서 증명된 것은 19세기에 이르러서였다. 19세기 수학자들에 의해 처음으로 선분, 직각, 삼각형 같은 것들이 구 위에서 언급된 것이다. **유클리드 기하학**의 이런 개념들은 평면과 구 어디에서든 증명이 가능했다.

하지만 우리가 앞에서 살펴보았듯이 제5공리는 구 위에서 A=E가 아니라 B=E이었다. 제5공리는 평면에서는 성립하지만 구 위에서는 성립되지 않음이 밝혀졌다.

제5공리에 대한 증명만 2000번 정도 행해졌는데 모두 다 실패로 돌아가고 말았다! 무엇보다 더욱 놀라운 것은 어떤 수학자들도 이 공리를 골치 아프게 끝까지 물고 늘어져 명확하게 증명하려고 하지 않는다는 사실이다. 가우스,● 볼라이아,● 리만●과 로바체프스키●와 같은 수학자들은 제5공리를 인정하지

● ● ●

가우스(1777~1855) 독일의 천문학자 · 물리학자 · 수학자. 그는 흔히 아르키메데스와 뉴턴에 버금가는 가장 뛰어난 수학자 중 한 사람으로 꼽힌다. 18세기 수학 이론과 방법론에 일대 변혁을 가져왔을 뿐 아니라 혁명적인 정수 이론으로 19세기 중엽에 일어났던 해석학의 급진전에도 공헌했다.

볼리아이(1802~1860) 헝가리 출신의 수학자. 평행선 이론에 몰두하여 로바체프스키와는 독립적으로 비유클리드 기하학을 창안했다.

🍎 않는 **비유클리드 기하학**이라는 새로운 틀을 세웠다. 하지만 그렇다고 해서 유클리드 기하학의 지위가 추락한 것은 아니다. 오히려 유클리드 기하학은 수학의 일반적인 틀 속에서 더욱 확고히 자리 잡게 되었다.

왜 논리적인 추론이 필요한가?

🍎 수학자들이 실수를 막기 위해 사용하는 방법이 바로 **논리적인 추론**이다. 그것은 결과 자체를 판명하는 것이 아니라, 그 결과를 가장 확고한 논리적인 토대 위에 새롭게 세우는 것이다. 이 과정에서 논리는 왜곡된 것을 바로잡는 역할을 한다. 불확실한 것들과 기만으로 황폐해진 전쟁터에서 논리가 적을 무찌

● ● ●

리만 (1826~1866) 독일의 수학자. 기하학과 해석학에 폭넓은 영향을 미쳤다. 공간 기하학에 관한 그의 이론은 근대 이론 물리학의 발전에 많은 영향을 주었고, 상대성 이론에 사용된 개념 및 방법에 기초를 제공했다.

로바체프스키 (1792~1856) 러시아의 수학자. 유클리드 기하학의 기초 공리를 검토하여 유클리드 기하학과는 전혀 다른 비유클리드 기하학을 창안했다. '로바체프스키 방정식'으로 불리는 대수 방정식의 수치 해법을 연구했다.

를 수 있는 가장 강력한 무기인 것이다.

논리적인 능력은 정치인이나 중재자들이 하는 말에서 나타나는 궤변이나 오류를 없애는 데도 종종 이용된다. 고대 그리스에서 수학의 역사가 민주주의라는 개념과 거의 동시에 시작된 것은 우연한 일치가 아니다. 수학과 마찬가지로 민주주의에서도 정적을 이길 수 있는 가장 확실한 방법 중 하나가 타당한 추론을 세우는 것이기 때문이다.

논리의 전지전능함 때문에 논리적 질서가 문제시되기도 한다. 예를 들어 중세의 기독교 사상가들은 신이 논리의 법칙에 위배되는 것을 창조할 수 있는지 없는지를 놓고 고심했다. 그렇다면 논리가 신보다 한 수 위란 말인가? 이런 질문에 기독교인이었던 수학자들조차 그렇다고 대답했다고 한다.

그럼, 다음 성경 구절에 숨어 있는 논리를 살펴보자.

또 바다를 부어 놋을 만들었으니 직경이 십 큐빗이요, 모양이 둥글며, 높이는 다섯 큐빗이요, 둘레는 삼십 큐빗 길이의 줄을 두를 만하며.(열왕기상 7장 23절)

이 구절은 원둘레와 지름의 관계를 통해 무리수의 값을 '추론' 할 수 있게 해 준다. 이 구절에서 추론된 해답은 $\pi=3$이다.

불확실한 것들과 기만을 무찌를 수 있는 가장 확실한 무기가 바로 논리다.
고대 그리스에서 수학과 민주주의가 거의 동시에 시작된 것은 우연이 아니다.

무리수의 기원은 바빌로니아까지 거슬러 올라간다.(역대하 4장 2절*에서도 π의 가치에 대한 간접적인 표현을 볼 수 있다.) 몇 몇 기독교인 수학자들은 이 구절을 잘못 해석하지 않으려고 여러 가지 방법들을 적용했다. 하지만 그들이 어떤 방법을 사용하든간에, 수학은 언제나 진실을 보여 줘야 한다는 사실이 제일 중요했다. 처음에는 π=3이라는 것을 아무도 믿지 않았다. 그러다가 다양한 논리적인 검증을 통해 수학자들은 이것을 진실로 받아들였다.

수학자들은 어떤 것을 증명하더라도 반드시 논리를 이용한다. 따라서 그들은 논리를 방편으로 내세우기도 하고, 제어해야 할 가장 근본적인 것들로 여기기도 했다. 그런데 이런 방식으로 논리를 이용하여 기하학을 배우는 것은 흥미롭다. 20세기의 위대한 수학자 듀 도네*가 논증법에 관한 글에서 언급한 것처럼, 기하학에서 경이로운 것들은 실용적이지도 못하고 지적

● ● ●

역대하 4장 2절 "또 바다를 부어 놓을 만들었으니 직경이 십 큐빗이요, 모양이 둥글며, 높이는 다섯 큐빗이요, 둘레는 삼십 큐빗 길이의 줄을 두를 만하며."
듀도네(1906~1992) 20세기에 가장 영향력이 컸던 프랑스 수학자. 미국 여러 대학의 교수로 지내다 프랑스로 돌아와 파리 교외의 고등 과학 연구소와 니스 대학교에서 강의를 했다. 저서로는 『해석요론』이 있다.

인 흥미를 던져 주지도 못한다. 하지만 모든 사람들이 거의 본능적으로 이해하고 있는 원이나 직선에서는 논리를 통해서 기하학이 그 능력을 십분 발휘할 수 있다. 그리고 누구나 연습만 하면, 그 일에 동참하여 추론의 능력을 단련할 수 있다. 역시 논리의 힘은 놀랍다. 그 효능은 정확히 가늠하기는 어렵지만 아주 강력한 것임에 틀림없다.

수학의 보물은 무엇인가?

고전 기하학에는 다음과 같은 명제가 있다.

삼각형에서 각 변의 수직이등분선(선분 AB의 수직이등분선은 점 A와 점 B에서 동일한 거리에 있는 면 위의 점들의 집합이다.)은 동일한 한 점에서 모두 만난다.

이 명제는 정말 그럴까라는 의문을 불러일으킨다. 이 명제를 제대로 이해하려면 증명이 필요하다. 그러면 간단하게 이 명제를 증명해 보도록 하자.

선분 AB와 선분 BC의 수직이등분선의 교차점을 O라 하자.

이때 점 O가 선분 AC의 수직이등분선 위에 있음을 보여 주기만 하면 이 명제가 참임이 증명된다. 다시 말해 선분 OA와 선분 OC의 길이는 같음을 보여 주면 되는 것이다. 이를 위해 점 O가 선분 AB와 선분 BC의 수직이등분선 위에 있다는 사실을 이용한다. 점 O는 선분 AB의 수직이등분선이므로 $\overline{OA}=\overline{OB}$이고, 동시에 점 O는 선분 BC의 수직이등분선이므로 $\overline{OB}=\overline{OC}$이다. 따라서 $\overline{OA}=\overline{OC}$가 되기 때문에 점 O는 선분 AC의 수직이등분선 위에 있다.

이 증명에서 알 수 있듯이 정리에 부합하는 것이 아주 어렵

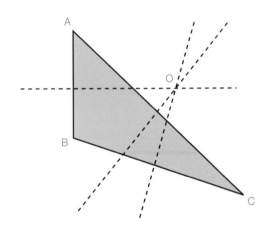

한 점에서 만나는 수직이등분선들

거나 기적적인 일은 아니다. 단지 기하학적 방법으로 같음의 추이성($a=b$가 같고 $b=c$가 같으면 $a=c$이다.)이라는 특성을 밝혀 내면 되는 것이다. 이처럼 정리에 대한 증명은 짧고 명쾌하다. 하지만 모든 증명이 다 간단한 것은 아니다.

그런데 이제까지 살펴본 명제와 정리에 대한 증명들은 수학에서 얼마나 중요한 위치를 차지하고 있을까? 과연 이것들은 수학의 보물이라고 할 수 있을까? 대답은 아니다는 쪽으로 기운다. 사실 증명은 다이아몬드와 같은 보물이라기보다 오히려 그것을 담는 상자에 불과하다.

왜 증명보다 명제 자체가 중요한가?

피타고라스의 정리를 생각해 보자. 직각삼각형에서 빗변의 제곱은 다른 두 변의 제곱의 합과 같다.(이를 공식으로 나타내면 오른쪽 그림과 같은 직각삼각형에서 $a^2+b^2=c^2$이다.) 이 정리를 증명하는 방법은 수없이 많고, 그중에 어떤 것은 매우 논리적이다. 그러나 어떤 증명도 정리 그 자체에 견줄 만한 것은 없다. 다시 말해 흥미로운 것은 그것을 증명하기 위해 사용하는 방법보다 명제 그 자체이다. 물론 그렇다고 해서 우리가 추론을 하지 않아도 된다는 의미는 아니다. 추론을 해야 하기 때문에 일이 복잡해지는 것이다.

수학의 진정한 보물을 이야기하면서 피타고라스의 정리를 제일 먼저 예로 든 이유는 무엇일까? 그것은 피타고라스의 정리가 간접적인 측량을 할 수 있는 실질적인 방법이기 때문이다.

높은 산에 긴 터널을 파야 하는 경우를 생각해 보자. 직접 터널의 길이를 잴 수는 없는 노릇이다. 이 산을 가로지르는 터널의 길이를 나타내는 선분 c를 그어 보자. 그리고 피타고라스의 정리를 이용하면 산을 가로지르는 선분의 길이를 직접 재지 않고도 그 길이(빗변의 길이)를 구할 수 있다. 이때 아래 그림에서와 같이 두 개의 다른 선분 사이에 끼인 각은 직각이 되어야 한

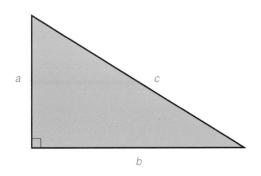

삼각법을 알려 주는 직각삼각형

다. 그리고 각각의 두 변과 빗변이 정확히 연결되어야 한다. 직각삼각형이 되기 위한 조건을 충족시켜야 하는 것이다.

그런데 여기에서 인상적인 것은 두 변과 연결된 빗변의 길이를 구하는 공식이 너무 간단명료하다는 점이다. 피타고라스의 정리야말로 점, 직선, 면에 관한 일반적인 명제들 속에 숨어 있는 단순함과 우아함을 지닌 진주이다. 그리고 이 보물은 우리에게 삼각법*을 알려 주었다.

한편 피타고라스의 정리는 각의 크기를 이용해 길이를 구할 수도 있게 해 준다. 태양이 정남에 있을 때 땅에 수직으로 꽂힌 막대기의 그림자의 길이를 구하는 방법을 생각해 보면 쉽게 이해할 수 있을 것이다. 요컨대, 피타고라스의 정리는 공간이 있는 곳이라면 어디에서든지 길이를 재는 데 유용하게 쓰인다.

피타고라스의 정리는 소위 힐베르트*의 공간*이라는 매우

● ● ●

삼각법 삼각형의 변과 각 사이의 양적 관계를 바탕으로 여러 가지 도형을 연구하는 수학의 한 분야이다. 삼각형의 '세 변의 길이'나 '한 변의 길이와 두 각의 크기' 또는 '두 변의 길이와 그 끼인각'이 정해지면 삼각형이 결정된다는 사실을 바탕으로 한다.
힐베르트(1862~1943) 독일의 수학자로 현대 수학의 여러 분야를 크게 발전시켰다. 특히 그는 대수적 정수론의 연구, 불변식론의 연구, 기하학의 기초 확립, 적분방정식론의 연구와 힐베르트의 공간론 수립, 공리주의 수 기초론의 전개 등에 기여했다.

광대한 수학 체계 속에서도 효력을 나타낸다. 힐베르트의 공간은 양자 역학이나 증권 거래인들의 자금 관리에도 이용되는 이론이다. 이 이론에서는 각의 개념이 다양하게 살아 있어 공간이 무한 차원으로까지 확장된다. 어쨌든 피타고라스의 정리(바빌론 시대에 발견되고 고대 그리스에서 증명되었다.)가 지금까지도 살아남을 수 있었던 이유는 변하지 않는 근본적인 진리를 말했기 때문이다.

그래도 명제보다는 증명이 재미있지 않은가?

증명을 읽어 보지도 않고 수학적 명제에만 흥미를 느끼는 사람들은 찌기 없는 포도주를 단숨에 냉큼 마시는 것과 같다. 이런 사람들에게는 두 가지 충고를 해 주고 싶다. 첫째, 경기 과정을 고려하지 않고 결과만을 중시하는 축구 후원자 같은

● ● ●

힐베르트의 공간 1906년에 힐베르트가 적분 방정식의 이론에 응용하기 위해 도입한 새로운 개념이다. 3차원인 유클리드 공간이 무한 차원으로 확장된 것으로 여러 분야에 응용되고 있다. 특히 양자 역학에서는 무한 차원의 힐베르트의 공간을 이용해 이론을 전개한다.

태도를 버려야 한다. 둘째, 증명이 명제나 정리보다 더 재미있는 경우가 많다는 것을 알아야 한다. 다음과 같은 경우를 살펴보면 이 말을 이해할 수 있을 것이다.

가로와 세로가 다섯 개의 칸으로 나뉜 체스판에서 기사가 각 칸을 한 번씩 다 거칠 경우에 이 기사는 결코 시작한 칸으로 돌아올 수 없다.(아래 그림에서처럼 가로, 세로 각각 다섯 칸으로 된 바둑판에서 몇 가지 시도를 해 보라. 오른쪽 그림은 기사가 이동하는 모습의 예를 들어 본 것이다.)

이 명제를 증명해 보자. 한 칸씩 이동할 때마다 기사가 움직

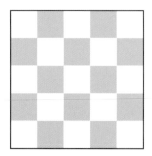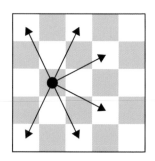

체스판 위의 추론

인 칸은 색이 파란색, 흰색 순서로 바뀌거나 그 반대의 순서로 바뀌게 된다. 예를 들어 기사가 파란 칸에서 시작했다고 해 보자. 파란 칸이 바로 맨 처음 출발점이 된다. 그러면 파란 칸은 1, 3, 5, 7…… 자리이고, 흰색 칸은 2, 4, 6, 8…… 자리에 해당한다. 또 가로, 세로가 모두 다섯 칸이므로 바둑판에는 25개의 칸이 있다. 이제 기사가 각 칸을 한 번씩 다 거쳐 가면 기사가 되돌아오기 전의 마지막 자리는 파란 칸이 된다.(25는 홀수이다.) 그런데 25번째 위치에서 첫 번째 출발점으로 뛰려면 기사는 파란 칸에서부터 또 다른 파란 칸으로 가야만 한다. 그런데 이것은 왼쪽 체스판 그림에서 보듯이 가능하지 않다.

이 증명은 결과보다 훨씬 더 많은 의미들을 담고 있다. 이 책에서 꼭 알아야 할 유일한 수학적 사실이 있다면, 그것은 아마도 체스판 위의 짤막한 추론일 것이다. 이 추론은 수학적인 모든 것에서 필요한 도구인 상수*라는 개념을 사용하고 있다. 상수라는 개념을 주로 사용하기 시작한 것은 19세기의 수학자들이다. 앞의 체스판의 증명에서 문제가 되는 상수는 바로 짝수

● ● ●

상수 수학에서 상수는 어떤 논의나 연산에서 한 가지 값만을 갖는 변수이다. 그리고 논리에서 상수는 변하지 않는 지시 대상을 가지는 용어이다.

이다. 즉, 체스판 위에서 기사는 그가 원하는 만큼 다양하게 움직일 수 있으나 그런 움직임들에는 몇 가지 공통점이 있다. 즉 파란 칸은 기사가 움직인 짝수 횟수와 관련 있다.(짝수 횟수의 움직임=파란 칸, 홀수 횟수의 움직임=하얀 칸)

우리가 옷장 속에서 붉은 조끼를 찾으려고 마음먹은 후에는 시선이 붉은 조끼 위를 지나면, 쉽게 그 옷을 선택하게 된다. 이때 그 선택은 이미 다수의 조끼들을 제외시키는 분류 과정을 거친 것이므로 시간을 절약하게 해 준다. 바둑판 위에서 파란 칸으로 움직이는 것을 생각할 때 홀수 횟수의 움직임을 제외시키는 것도 이와 마찬가지다.

수학을 즐기려면 어떻게 해야 할까?

수학은 어렵고 까다롭다. 수학을 공부할 때 그런 어려움은 피할 길이 없다. 그래서 지적으로 게으른 사람들은 수학이 언제나 두려운 것이다. 그러나 스포츠를 평가하기 위해 스스로 운동 선수가 되거나, 음악을 평가하기 위해 직접 음악가가 될 필요는 없듯이 수학을 평가하기 위해 반드시 '수학을 할' 필요는 없다. 다시 말해 직업적 작가가 되지 않고도 작가보다 더 많은 책을 읽을 수 있듯이, 수학자가 되지 않고서도 수학적인 문화를 얼마든지 즐길 수 있다.

많은 사람들은 수학을 대할 때 완벽하게 이해하지 못하면 아무것도 이해하지 못한 것으로 여긴다. 바로 이런 시각 때문에 수학은 전문가만이 이해하고 즐기는 친해지기 어려운 학문이 되었다. 게다가 수학에는 한마디로 이 학문이 좋다거나 싫다고 말하기조차 힘든 구석이 있다. 무엇이 좋거나 싫으려면, 적어도 그것에 대해 알고 있어야 하기 때문이다. 그래서 영어에는 이런 현상을 표현하는 'afiguracy'라는 단어가 있다. 이것은 '수학에 대해 문맹'이라는 뜻이다.

사실 수학은 모든 사람들이 공유하는 아주 보편적인 학문이다. 수학은 어떤 특별한 사람에게만 해당하는 진리를 다룬 학문이 아니다. 물론 전문적인 수학자들이 수학의 진정한 관리자일 수는 있다. 하지만 그들만이 수학의 주인인 것은 아니다. 수학은 엔지니어들의 교육이나 탐구와 적용이 필요한 다양한 영역들에서 여러 가지 모습으로 발전하고 있다. 그래서 오히려 수학 전문가들이 이에 대해 알기 위해 '보충 수업'을 받기도 한다. 그들의 이런 노력은 많은 사람들이 수학을 진정한 문화의 대상으로 즐기게 하는 데 도움을 줄 수 있을 것이다.

즐기는 대상으로 가장 좋은 문화로 문학이 있다. 사람들은 아주 즐거운 마음으로 기꺼이 문학 작품 속으로 빠져 든다. 하지만 성서의 '숨겨진 메시지'를 파헤치는 것과 같은 비과학적인 탐구는 다소 재미없는 분야가 될 수 있다. 그렇다면 수학은 즐기기에 어떤가?

수학을 자기 것으로 만들어 즐기려면, 확실히 치러야 하는 대가가 있다. 그것은 수학의 어려움을 피하지 않는 것이다. 다시 말해 수학 속으로 뛰어들어 정면돌파해야 한다. 이런 대가를 치르고 나면 누구나 어려운 공식 앞에서도 "별거 아니군!" 하고 큰소리를 칠 수 있을 것이다.

더 읽어 볼 책들

- 강옥기 · 조현공 · 허난, 『**수학 서핑**』(성균관 대학교 출판부 2005).

- 박영훈, 『**기호와 공식이 없는 수학 카페**』(휴머니스트 2005).

- 홍승표 외, 『**유클리드 기하 개론**』(경문사 2005).

- 어니스드지브로스키, 김창호 외 옮김, 『**원의 역사**』(경문사 2005).

- 하타무라 요타로, 조윤동 외 옮김, 『**직관 수학**』(서울 문화사 2005).

- 헤롤드 하디, 정화성 옮김, 『**어느 수학자의 변명**』(세시 출판사, 2005).

- 후지하라 가즈히로 · 오카베 쓰네하루, 장점숙 옮김, 『**학교 담을 넘은 수학**』(경문사 2005).

논술·구술 시험은 논리적이고 종합적인 사고를 요구한다. 다음에 제시된 문제는 이 책의 주제와 연관이 있는 논술·구술 기출 문제이다. 이 책을 통하여 습득한 과학적 지식과 원리, 입체적이고 논리적인 접근 방식을 활용하여 스스로 문제에 답해 보자.

▶ 수학 교사의 당면 과제는 무엇인지 말하시오.

▶ 수학을 잘하는 것과 잘 가르치는 것의 차이점을 말하시오.

▶ 피타고라스의 정리가 실생활에서 쓰이는 예를 들어 보라.

▶ 수학 교육이 왜 필요한지 말하시오.

▶ 21세기 수학 교육의 미래에 대해 말해 보시오.

옮긴이 | 곽은숙

성균관대 불어불문학과 박사 과정을 수료했다. 현재 전문 번역가로 활동하고 있다.

민음 바칼로레아 28
수학을 즐길 수는 없을까?

2판 1쇄 펴냄 2021년 3월 30일
2판 5쇄 펴냄 2024년 8월 8일

1판 1쇄 펴냄 2006년 5월 12일
1판 2쇄 펴냄 2006년 6월 18일

지은이 | 브누아 리토
감수자 | 김인수
옮긴이 | 곽은숙
발행인 | 박근섭
펴낸곳 | ㈜민음인

출판등록 | 2009. 10. 8 (제2009-000273호)
주소 | 06027 서울 강남구 도산대로 1길 62 강남출판문화센터 5층
전화 | 영업부 515-2000 편집부 3446-8774 팩시밀리 515-2007
홈페이지 | minumin.minumsa.com

도서 파본 등의 이유로 반송이 필요할 경우에는 구매처에서 교환하시고
출판사 교환이 필요할 경우에는 아래 주소로 반송 사유를 적어 도서와 함께 보내주세요.
06027 서울 강남구 도산대로 1길 62 강남출판문화센터 6층 민음인 마케팅부

㈜민음인은 민음사 출판 그룹의 자회사입니다.